BEI GRIN MACHT SICH IHR WISSEN BEZAHLT

Biologische Psychologie. Nervensysteme, Hormone, Neurofeedback

GRIN ☺

Bibliografische Information der Deutschen Nationalbibliothek:

Die Deutsche Nationalbibliothek verzeichnet diese Publikation in der
Deutschen Nationalbibliografie; detaillierte bibliografische Daten sind
im Internet über http://dnb.d-nb.de abrufbar.

ISBN: 9783346312792
Dieses Buch ist auch als E-Book erhältlich.

Druck und Bindung: Books on Demand GmbH, Norderstedt Germany
Gedruckt auf säurefreiem Papier aus verantwortungsvollen Quellen

Das vorliegende Werk wurde sorgfältig erarbeitet. Dennoch
übernehmen Autoren und Verlag für die Richtigkeit von Angaben,
Hinweisen, Links und Ratschlägen sowie eventuelle Druckfehler keine
Haftung.

Das Buch bei GRIN: https://www.grin.com/document/962843

Biologische Psychologie

Einsendeaufgabe
Sonderprüfung

SRH Fernhochschule- The Mobile University

Modul: Biologische Psychologie
Studiengang: B. Sc. Psychologie
Letztmögliches Abgabedatum: 28.05.2020

Inhaltsverzeichnis

Abkürzungsverzeichnis

o.N.	ohne Name
o.D.	ohne Datum
z.B.	zum Beispiel
usw.	und so weiter
bzw.	beziehungsweise
Bspw.	beispielsweise

1. Teilaufgabe 1

In der Teilaufgabe 1 beschreibe ich das somatische und vegetative Nervensystem und zeige Unterschiede beider Systeme auf.

1.1 Vegetatives Nervensystem

Das vegetative bzw. das autonome Nervensystem gehört zu dem Kommunikationssystem, welches als Informationsaustausch zwischen bestimmten Organen fungiert.

Dieses sitzt im peripheren Nervensystem und ist neben dem endokrinen System das zweitwichtigste Kommunikationssystem für den Informationsaustausch zwischen den einzelnen Organen des Körpers.[1]

Unter anderem ist das vegetative Nervensystem für das Herz und die Drüsen zuständig. Es versorgt die Nerven mit Reizen. Auch werden von ihm aus die Verdauung, der Stoffwechsel, die Atmung, der Kreislauf, die Körpertemperatur und die Fortpflanzung geregelt. Das autonome Nervensystem unterliegt, wie sein Name schon sagt, keiner direkten und willkürlichen Kontrolle wie es bei dem somatischen Nervensystem der Fall ist.[2]

Das vegetative Nervensystem arbeitet auch dann wenn wir schlafen und sorgt für das Aufrechterhalten lebenswichtiger Prozesse im Körperinneren.[3]

Außerdem reagiert es auf äußere Belastungen des Organismus und passt dementsprechend die Prozesse im Körperinneren an.

Diese vegetativen Veränderungen werden dabei aktiv vom Gehirn erzeugt. Dies bedeutet, dass sie keine passiven Begleiterscheinungen oder reflektorische Reaktionen, sondern integrale Bestandteile des Verhaltens sind.

Diese Reaktionen spiegeln sich beispielsweise im Herzklopfen bei Aufregung oder in der Speichelerzeugung bei dem Anblick bestimmter Speisen wider. Durch die elektrische Messung dieser Reaktionen, zum Beispiel in Form von Hautdurchfeuchtung, können Rückschlüsse auf bestimmte Prozesse gezogen werden, welche unter anderem bei Anwendung von Lügendetektoren stattfinden.[4]

Das vegetative Nervensystem reguliert den Hergang innerer Vorgänge im Körper und wirkt dabei außerdem auf die glatte Muskulatur (z. B. Blase, Dünndarm, Blutgefäße).

---

[1] vgl. Von der Assen, C. (2016), S. 80
[2] vgl. Birbaumer, N. (2010), S. 102
[3] vgl. Becker- Carus, C., Wendt, M. (2017), S. 44
[4] vgl. Birbaumer, N. (2010), S. 102

Dies geschieht im Gegensatz zu dem somatischen Nervensystem, dass ausschließlich nur auf quer gestreifte Muskulatur (z. B. Bizeps, Trizeps, Bauchmuskeln) wirkt, die durch Impulse aus Neuronen gesteuert werden.

Das endokrine System benutzt sogenannte Botenstoffe (Hormone) für die Übertragung, die meist über den Blutweg zu verschiedensten Wirkorten gelangen.

Ansonsten besteht eine enge Verbindung zwischen beiden Systemen, die in den meisten Fällen als neurohormonales oder neuroendokrines System bezeichnet werden.

Das vegetative Nervensystem wird auch als Viszerales- oder Eingeweidenervenystem bezeichnet.[5]

Das autonome Nervensystem besteht im Gegensatz zu dem somatischen Nervensystem aus zwei funktionell anatomisch getrennten Subsystemen. Beiden Systeme werden als Sympathikus und Parasympathikus bezeichnet. Sie sind dafür zuständig, dass sich der Organismus entweder auf Kampf bzw. Flucht oder auf Regeneration bzw. Ruhe einstellt. Das sympathische Nervensystem dagegen aktiviert den sogenannten Kampf- und Fluchtzustand. Dieser ist für viele vegetative Funktionen im Körper zuständig, wie unter anderem das Erweitern der Pupillen. Für die Aktivierung von Ruhe und Regeneration ist der Parasympathikus verantwortlich, dies geschieht durch Energiespeicherung im Körper.[6]

Durch die beiden Zweige des vegetativen Nervensystems von Sympathikus und Parasympathikus entsteht ein Wechselspiel aus „Bremsen" und „Gas geben" beider Systeme. Dieses Wechselspiel ist erforderlich um die gewünschte Aktivität in den Zielorganen zu erreichen um ein optimales Funktionieren des Organismus zu gewährleisten.[7]

Das Enterische Nervensystem ist für die Steuerung im Darm zuständig. Hierbei wird verdeutlicht, dass Emotionen einen Einfluss darauf haben. Bei diesem Teil des Nervensystems wird allerdings auch heute noch diskutiert, ob dieses dem vegetativen Nervensystem überhaupt zugeschrieben bzw. zugeteilt werden kann, da es Parallelen als auch Widersprüche zu beiden anderen Teilsystemen aufweist.

Es steuert gewisse innere Organe selbstständig, kann aber auch vom Sympathikus als auch vom Parasympathikus gesteuert werden. Zudem besitzt das Enterische Nervensystem im Gegensatz zu den beiden oben genannten Systemen keinen Zellkern im zentralen Nervensystem.[8]

---

[5] vgl. Köhler, T. (2001), S. 98f
[6] vgl. Rockstroh, S. (2011), S. 31f.
[7] vgl. Ehlert, U., La Marca, R., Abbruzzese, E., Kübler, U. (2013), S. 91
[8] vgl. Ehlert, U., La Marca, R., Abbruzzese, E., Kübler, U. (2013), S. 83f.

Die Aufgaben des vegetativen Nervensystems sind äußerst vielseitig. Es verarbeitet unterschiedliche Botenstoffe, verfügt über zahlreiche Reflexmechanismen, weist verschiedene Untertypen von Rezeptoren auf und besitzt außerdem eine bidirektionale Kommunikation aus efferenten und afferenten Nervenzellen.[9]

1.2 Somatisches Nervensystem

Das somatische Nervensystem wird auch als sensomotorisches, skelettales oder auch als animales Nervensystem benannt. Es ist, genau wie das vegetative Nervensystem auch, Teil des peripheren Nervensystems. Dieses untergliedert sich in den peripheren und den zentralen Anteil. Diese Anteile werden im Gehirn lokalisiert, die hauptsächlich im Hirnstamm angenommen werden.[10] Durch seine Rezeptoren nimmt es jegliche Veränderungen wahr.

Dieser Teil des Nervensystems interagiert direkt mit der Umwelt und ist der willentlichen Kontrolle der Skelettmuskulatur unterstellt, woher sich auch sein Name ableitet.

Informationen von Bewegungen, Sinnesorganen und Körperrezeptoren werden augenblicklich an das Gehirn weitergeleitet.[11]

Dieser Informationsaustausch ist nur deswegen möglich, weil das somatische Nervensystem aus Neuronen zusammengesetzt ist, die mit der Skelettmuskulatur, der Haut, den Ohren, der Nase, den Gelenken und den Muskeln verbunden sind.[12] Diese reagieren typischerweise auf äußere Reize, die sich nach außen hin bemerkbar machen. Doch nicht alle sensorischen Ereignisse in diesem System sind bewusst, weswegen dieser Teil des Nervensystems auch als willkürliches Nervensystem deklariert wird.[13]

Aus diesem Grund weisen die motorischen Fasern im somatischen Nervensystem besondere Eigenschaften auf, die sich von denen des autonomen Nervensystems unterscheiden. Erstens hat das somatische System keine Ganglien und zweitens befinden sich die neuralen Segmente im Zentralnervensystem, die ohne Unterbrechung an die Skelettmuskulatur weitergeleitet werden.

Die Übertragungsgeschwindigkeit ist deutlich höher und kann den Effektor nach belieben mobilisieren, ohne diesen zu hemmen.[14]

---

[9] vgl. Ehlert, U., La Marca, R., Abbruzzese, E., Kübler, U. (2013), S. 88
[10] vgl. Köhler, T. (2001), S. 98f
[11] vgl. Becker-Carus, C., Wendt, M. (2017), S. 43f.
[12] vgl. Von der Assen, C. (2016), S. 80
[13] vgl. Lingenhöhl, D. (2000)
[14] vgl. o.N. (2019)

Damit eine Empfindung wahrgenommen werden kann, müssen entsprechende Informationen die Großhirnrinde erreichen, die über neuronale Wege zwischen dem peripheren Nervensystem und dem Zentralnervensystem verbunden und weitergeleitet werden. Damit der sensorische Reiz das Zentralnervensystem erfolgreich erreicht, muss er vom Rezeptor in das Zentralnervensystem gelangen. Dies geschieht durch das Verbinden von insgesamt drei Neuronen.

Darüber hinaus wird die Empfindlichkeit verschiedener Teile des menschlichen Körpers proportional im somatosensorischen Kortex abgebildet. Nicht alle Bereiche sind gleich groß, vergleichsweise Körperteile wie Fingerspitzen und Lippen nehmen einen größeren Bereich ein. Außerdem existieren verschiedene Arten sensorischer Bahnen.

Entsprechend der antreibenden sensorischen Form, werden sie in folgende Kategorien unterteilt: Bahnen für Grob- und die Feinwahrnehmung, Bahnen für Temperatur- und Schmerzwahrnehmung und Bahnen die für die Körperhaltung verantwortlich sind. Diese Nervenbahnen können aber auch nach dem Ursprung der Reize her gegliedert werden, ob diese von der Haut, den inneren Organen oder dem Bewegungsapparat stammen.

Weitergeleitet werden diese Nervenimpulse durch drei neuronale Relais. Als Erstes wird er über die Körperoberfläche, dann über das Rückenmark und am Ende über Relais-Neuronen des Thalamus zum somatosensorischen Bereich des Hirnareals geleitet. Bevor die Informationen am Ende den Kortex erreichen, verarbeitet der Thalamus an erster Stelle alle sensorischen Informationen. Diese werden dann interpretiert, verarbeitet und zusammengefasst.[15]

---

[15] vgl. o.N. (2019)

2. Teilaufgabe 2

In der Teilaufgabe 2 stelle ich die verschiedenen Hormone der Hypophyse vor und beschreibe vier davon ausführlicher.

2.1 Hypophyse

Das Hypothalamus-Hypophysen-System ist das hierarchisch am höchsten angesiedelte System, dass direkt als auch indirekt die Aktivitäten vieler Hormon-produzierender Organsysteme suggeriert. Der Hypothalamus wirkt als ein zentrales Steuerzentrum des endokrinen als auch des vegetativen Systems.

Als Austauschzentrum berechnet der Hypothalamus eingehende Nachrichten von Organen sowie neuronale Informationen aus verschiedenen Bereichen des peripheren Nervensystems und des Gehirns. Hier steuert er einerseits die Hypophyse nach Bedarf und andererseits bestimmte Rhythmen wie den Menstruationszyklus und den Tagesrhythmus.[16]

Der Hypophysenvorderlappen umfasst sechs wichtige Hormone, die freigesetzt werden:

Das Thyreoidastimulierende Hormon (TSH)

Das Adrenocorticotropin (ACTH)

Die beiden Gonadotropine   1. Das follikelstimulierendes Hormon (FSH)

                                    2. Das luteinisierendes Hormon (LH)

Das Wachstumshormon (GH)

Das Prolaktin

Vier der sechs aufgeführten Hormone sind gonadotrope Hormone des Hypophysenvorderlappen. Nachdem sie aus der Hypophyse freigesetzt werden und in das Blut des Körperkreislaufes gelangen, indem sie ausgewählte Hormone ausschütten, wirken sie schlussendlich auf endokrine Drüsen.

ACTH: Das Adrenocorticotropin hat Auswirkungen auf die Nebennierenrinde um in dem Stresshormon „Cortisol" die Freisetzung und die Synthese zu stimulieren.

TSH: Das Thyreoidastimulierende Hormon stimuliert die Freisetzung von Thyroxin und Trijodthyronin in der Schilddrüse, die den Energieumsatz des Organismus global steigern.

---

[16] vgl. Schandry, R. (2006), S. 180f.

7

LH & FSH: Das follikelstimulierende Hormon und das luteinisierende Hormon sind für die Freisetzung der Sexualhormone zuständig, dazu zählen unter anderem Östrogene und Testosteron.

Die Ausschüttung aller hier aufgezeigten Hormone aus dem Hypophysenvorderlappen wird durch Releasing- und Inhibiting-Hormonen aus dem Hypothalamus reguliert.[17]

2.1.1 Gandotropine

Gandotropine sind Peptidhormone, die aus Aminosäure-Ketten bestehen. Die Anzahl beschränkt sich hier auf maximal 100 Kettenglieder.

Zwei der glanotrope Hormone werden vom Hypophysenvorderlappen produziert, die auf die Keimdrüsen wirken und die Sexualfunktionen des Menschen steuern. Diese beiden Hormone werden als follikelstimulierendes- und als Luteinisierungs-Hormon bezeichnet.

Beide Hormone gelangen wie alle Hormone auch über die Blutbahn, wo sie die Keimdrüsen erreichen und die Ausschüttung und Produktion von Östrogene bei der Spermatogenese und Testosteron beim Mann bewirken. Beide Hormone agieren zu jeder Zeit miteinander. Das follikelstimulierende Hormon sorgt für die Reifung des Eibläschens, woraufhin das Luteinisierungshormon dafür sorgt, dass die Gelbkörperbildung, der Eisprung und die Progesteronproduktion angeregt werden.

Der gesamte Menstruationszyklus wird durch präzise regulierende Konzentrationsverhältnisse beider Hormone gesteuert. Das Luteinisierungshormon hat die Aufgabe die Hoden des Mannes zur Testosteronbildung und -ausschüttung anzuregen, anschließend stimuliert das follikelstimulierende Hormon die Spermatogenese.

Vor allem beim Einsetzen der Pubertät ist die Spermatogenese ein wichtiger Faktor.[18]

Sexualhormone haben zahlreiche Auswirkungen auf den Körper. Testosteron ist das wichtigste Androgen und beeinflusst beispielsweise bestimmte „männliche" Verhaltensweisen (steigert z. B. die Aggressivität). Androgene entfalten ihre Wirkung besonders in der Phase der Pubertät. In dieser Zeit kommt es zum Wachstum des Penis, inneren Geschlechtsorganen, des Kehlkopfes und auch der Stimmbänder. Es kommt zum Bart- und Scham- und Größenwachstum.

Nach der Pubertät sorgen Androgene und auch das follikelstimulierende Hormon für die Steigerung der Libido und der Samenproduktion. Während des Menstruationszyklus der Frau reifen die Eizellen beider Eierstöcke in sogenannten Follikeln (Bläschen) heran.

---

[17] vgl. Gauggel, S.,Herrmann, M. (Hrsg.) (2008), S. 279ff
[18] vgl. Schandry, R. (2003), S. 349f.

Am 14. Zyklustag bricht es auf und entlässt die Eizelle in den Eileiter, woraufhin sie in Richtung der Gebärmutter wandert. Der zuvor aufgeplatzte Follikel bleibt im Ovar zurück und bezeichnet sich ab diesem Zeitpunkt an als „Corpus luteum" (auch Gelbkörper genannt). Dieser produziert Östrogene und Gestagene wie das Progesteron. Tritt eine Befruchtung der Eizelle auf, bleibt das Corpus luteum bestehen, andernfalls bildet es sich zum Zyklusende zurück.

Es gibt zwei große Kategorien weiblicher Sexualhormone: Östrogen und Progesteron. Beide Hormone sind Steroidhormone die aus Cholesterin gewonnen werden. Der wichtigste Vertreter von Östradiol sind Östrogene. Östriol und Östrion sind schwächer und werden hauptsächlich in den Follikeln des Follikelzyklus bis zur Ovulation gebildet. Einerseits stimulieren sie den Eisprung, andererseits bereiten sie den Muttermund und die Vagina auf das Eindringen der Spermien vor. Außerdem bereitet sich der Uterus durch den Aufbau der Schleimhaut auf die Einnistung der befruchteten Eizelle vor. Die Follikelreifung und die Östradiolproduktion in den Follikeln werden hauptsächlich durch FSH (Hypophysenfollikel-stimulierendes Hormon) stimuliert.

Die Östradiolkonzentration im Blut erreicht während des Eisprungs ihren Maximalwert. Im Corpus luteum geschieht, unter der Stimulation durch das luteinisierende Hormon, welches ebenfalls vom Hypophysenvorderlappen produziert wird, die Bildung der Gestagene mit ihrem wichtigsten Vertreter „Progesteron".

In der Gelbkörperphase erreicht das in der Follikelphase kaum nachweisbare Progesteron erhöhte Konzentration im Blut. Die Schleimhaut im Uterus wird unter Progesteroneinfluss weiterhin zur Aufnahme und Einnistung der befruchteten Eizelle vorbereitet. Wenn die Befruchtung fehlschlägt, kann der komplexe Gegenregulationsmechanismus (der auch das hypothalamische Gonadotropin freisetzende Hormon beeinflusst) dazu führen, dass das Corpus luteum degeneriert und die gebildete Uterusschleimhaut (Menstruationsblutung) abstößt.[19]

Östradiol wiederum beeinflusst ebenfalls das Verhalten, das Wachstum der Uterusschleimhaut während der Menstruationsphase, den Fettstoffwechsel und die Knochenbildung. In der zweiten Phase des Menstruationszyklus wird aus dem Follikel gebildete Gelbkörper, Progesteron produziert. Dieses ruft temporäre Veränderungen an den Geschlechtsorganen hervor.

---

[19] vgl. Köhler, T. (2001), S. 129ff

Durch follikelstimulierende Hormone wird die Reifung des Follikels in den Eierstöcken angeregt. Durch das luteinisierende Hormon wird in der zweiten Phase (Lutealphase) das Platzen des Follikel und dem Eisprung eingesetzt. Beide Gandotropine werden in der A-denopypophyse gebildet und durch das Gandotropin-Releasing-Hormon aus dem Hypothalamus angeregt.

Sexualhormone beim Mann sind im Hoden des Mannes sehr bedeutsam, da diese für die Bildung der Spermien und der Keimdrüsen zuständig sind. Besonders wichtig für diese Produktion ist das Steroid Testosteron. Diese Spermienbildung wird vor allem durch follikelstimulierende Hormone aus der Hypophyse angeregt. Die Testosteronbildung findet in kleinen Zellnestern statt, welche als Leydigschen Zwischenzellen bezeichnet werden. Der Ausgangspunkt für die Synthese ist Cholesterin und das luteinisierendes Hypophysenhormon. Diese stimulieren wiederum die Produktion der Leydigschen Zwischenzellen. In der innersten Schicht der Nebennierenrinde bilden sich in geringen Mengen auch die Zona reticularis, Testosteron und andere Androgene.

Ebenfalls werden in den Hoden und der Nebennierenrinde des Mannes geringfügig Östrogene produziert, die aber keine bedeutsame physiologische Wirkung haben. [20]

2.1.2 PROLAKTIN

Prolaktin gehört wie das folikel-stimulierende und luteinisierende Hormon ebenfalls zur Gruppe der Gandotropine, hauptsächlich wirkt es im weiblichen Organismus.

Prolaktin ist für das Wachstum der Brustdüsen verantwortlich, ebenso für die Milchproduktion und für das Hemmen des Menstruationszyklus in der Stillzeit. Normalerweise wird Prolaktin durch die Botenstoffsubstanz (Neurotransmitter) Dopamin gehemmt. Wenn der Dopaminspiegel während der Schwangerschaft sinkt, steigt der Prolaktinspiegel dagegen an. Beim Stillen sorgt das Saugen des Babys an der Brustwarze dafür, dass Prolaktin freigesetzt wird, sodass während des Stillens genügend Milch produziert werden kann und der Eisprung weiterhin gehemmt wird.[21]

Zusätzlich zu den normalen Prolaktinspiegel im Blut von Frauen kann während der Schwangerschaft und in der Stillzeit die Bildung und Sekretion von Prolaktin im Laufe des Tages auch drastisch schwanken. Besonders nachts steigt der Prolaktinspiegel im Blut stark an. Darüber hinaus gibt es verschiedene Faktoren, die zu einer erhöhten

---

[20] vgl. Köhler, T. (2001), S. 128f.
[21] vgl. Köhler, T. (2001), S. 123

Prolaktinbildung führen können. Diese Faktoren umfassen bspw. das Stillverhalten, der Geschlechtsverkehr, physischer oder psychischer Stress.[22] Bestimmte Symptome sind für eine Fehlfunktion von Prolaktin verantwortlich. Diese wären z. B., wenn eine Frau nicht schwanger wird, vermehrter Milchfluss aus der Brustdrüse außerhalb der Schwangerschaft oder Stillzeit austritt, bei einer frühzeitigen Pubertät oder bei einer sogenannten Vermännlichung. Bei dem Mann könnte eine gestörte Hodenfunktion für die Prolaktin-Störung maßgeblich verantwortlich sein. Der Wert des Prolaktin kann aus dem Blutspiegel entnommen werden. Allerdings existiert neben dem "normalen" Prolaktin im Blut auch ein sogenanntes Makroprolaktin. Dabei handelt es sich um einen vom Körper gebildeten Antikörper, der ein Prolaktin-Molekül gebunden hat. Makroprolaktin wie dieses hat keinen Krankheitswert und ist harmlos.[23]

2.1.3 WACHSTUMSHORMON (GH)

GH ist die Abkürzung für „growth hormon" und ist ein körpereigenes Eiweiß (Polypeptid), welches in in der Hirnanhangsdrüse gebildet wird. Das Wachstumshormon, dass auch als somatotropes Hormon oder Somatotropin bekannt ist, ist vor allem in der Kindheit von wichtiger Bedeutung.

Es ist für die körperliche Entwicklung eines Kindes sehr wichtig, da es Stoffe wie Somatomedine vermittelt, die wiederum aus der Leber freigesetzt werden. Daraufhin werden sie über den Blutkreislauf zu zahlreichen Körperzellen transportiert, folglich sie das Knochenwachstum und die Eiweißsynthese fördern.

Die Freisetzung wird durch die Hypothalamushormone Growth Releasing oder Inhibiting- Hormon reguliert, die durch Somatomedine in der Leber beeinflusst werden.[24] GH reguliert aber nicht nur das Längenwachstum des Körpers, sondern auch Muskel- und Fettgewebe und verschiedene Stoffwechselprozesse wie Blutzuckerbildung, Fettabbau und Muskelaufbau. Daher ist das Wachstumshormon auch für einen gesunden Stoffwechsel im Erwachsenenalter sehr wichtig.[25]

Bei einer Minderproduktion von Somatotropin im Kindesalter, beispielsweise durch Hypophysentumoren, Entzündungen, Schädel-Hirntraumen usw. kann es zu einem hypophysären Zwergwachstum kommen. Eine mögliche Therapie besteht darin, dem

---

[22] vgl. Weigl, G. (2018)
[23] vgl. Dahm, V., Rudolf-Müller, E. (2017)
[24] vgl. Köhler, T. (2001), S. 123
[25] vgl. Schöfl, C. (2010)

Körper regelmäßig Wachstumshormone zuzuführen, die ebenfalls häufig aus der Hypophyse von Tieren gewonnen wird.

Es kann neben einem Mangel des Wachstumshormons ebenfalls ein Überschuss möglich sein, der wiederum zu Riesenwuchs bei Kindern führen kann.

Dieser kann ebenfalls durch Hypophysentumoren ausgelöst werden, dessen Behandlung meist zu einem operativen Eingriff oder einer Bestrahlung führt. Durch einen möglichen Überfluss der Wachstumshormone neben den Knochen können ebenfalls auch Weichteilorgane wie bspw. das Herz wachsen, was wiederum bei nicht Behandlung zum Tod führen könnte.[26]

3. Teilaufgabe 3

In der Teilaufgabe 3 werde ich das Prinzip von Neurofeedback erklären und die Anwendungsmöglichkeiten dieser Methode vorstellen.

3.1 Prinzip von Neurofeedback

Neurofeedback ist eine Unterkategorie des Biofeedbacks der Gehirnaktivität und wird manchmal als EEG-Feedback oder EEG-Biofeedback bezeichnet. Neurofeedback ist ein technischer Prozess, mit dem neuronale Prozesse durch technische Mittel sichtbar gemacht werden können und so eine Rückmeldung (Feedback) ermöglichen.

Im Gegensatz zum reinen Biofeedback befasst sich das Neurofeedback nur mit dem zentralen Nervensystem unseres Gehirns. Die Elektroenzephalografie (EEG) wird am häufigsten für das Neurofeedback verwendet. Dieses misst die Gehirnaktivität und leitet Gehirnwellen ab.[27]

Zur Ableitung des EEG werden Elektrode aus Silberlegierung mit einer leitenden Paste an der Kopfhaut befestigt.

Zwei Elektroden werden jeweils mit dem Eingang des Verstärkers verbunden, der dann die Spannungsdifferenz beider elektrisch aktiven Orte misst.[28]

Daraufhin erhalten Patienten bzw. Benutzer auf einem Monitor Feedback zu ihren Gehirnwellen.

---

[26] vgl. Köhler, T. (2001), S. 123
[27] vgl. Sochorick, T. (2019)
[28] Rockstroh, S. (2011), S. 19

Das Neurofeedback-Training ist ein Aufmerksamkeitstraining und eine Art Selbstkontrolle für das Gehirn. Wenn das Gehirn arbeitet und das macht es ebenfalls im Schlaf, gibt es Spannungsunterschiede. Diese Spannungsschwankungen können dann per EEG gemessen werden. Neurofeedback kann in Form von Theta-Beta-Training und langsamen kortikalen Potenzial (SCP) erfolgen.

Theta-Wellen sind Gehirnwellen im Niederfrequenzbereich und zeigen Unaufmerksamkeiten an. Bei der Theta-Beta Aktivität wird die Konzentration visualisiert. Während des Theta-Beta-Trainings lernen die Probanden bewusst die Beta-Aktivität zu steigern und Theta-Wellen auszuschalten.[29]

Das Neurofeedback verbessert die Reaktionsgeschwindigkeit, die Aufmerksamkeitsleistung und die Konzentrationsfähigkeit. Brain-Computer-Interfaces (BCI) ist die Verbindung zwischen dem Gehirn und dem Computer, mit der verlorene motorische Funktionen ersetzt und neurologische und psychische Erkrankungen behandelt werden können. Durch Neurofeedback lernen die Testpersonen, genau definierte Gehirnaktivitäten in Bezug auf ihre Funktion gezielt zu beeinflussen.

Ein BCI verbindet das Gehirn des Anwenders mit einem System ähnlich einem Kommunikationsprogramm, einer Prothesen- oder Rollstuhlsteuerung oder einem Entschleunigungsprogramm zur Erhöhung der Leistung einer spezifischen Frequenz des EEG. Eine essenzielle Komponente ist die Hirnaktivität gleichzeitig in das Kontroll- bzw. Feedbacksignal umzuwandeln und zurückzumelden, sodass die Anwender mit geringerer Verzögerung darüber berichtet werden, wie sich ihre Gehirnaktivität verändert hat.

Dies ist maßgebend, da längst geringe Entschleunigung die Kontrollleistung (korrekte Umsetzung von Steuerkommandos) verschlechtern können. Mit Hilfe kleiner Elektroden, die von der Schädeloberfläche abgeleitet und erweitert werden, wird das EEG gesteuert.[30] Liegt eine der beiden Elektrode allerdings an einem inaktiven Ort wie beispielsweise dem Ohr, handelt es sich hierbei um eine unipolare Ableitung. Bei einem aktiven Standort handelt es sich um eine bipolare Ableitung.[31]

Im Anschluss an die Verknüpfung der Elektrode erfolgt die Digitalisierung und die Signalverarbeitung, um lediglich die stimmigen Komponenten des EEG zurückzumelden bzw. für die Anwendungssteuerung einzusetzen. Diese speziellen Bestandteile der EEG-

---

[29] vgl. Sochorick, T. (2019)
[30] vgl. Kübler, A., Neuper, C. (2012), S. 766
[31] Rockstroh, S. (2011), S. 19

Aktivität werden in ein akustisches oder grafisches Signal umgewandelt und dem Anwender vorgestellt.

In der Regel wird ein Zeiger oder ein Pfeil in eine von zwei Richtungen bedient.[32] Währenddessen der aufmerksame Wachzustand mit einem hochfrequentes EEG gekennzeichnet ist, nimmt die Synchronisation der Gehirntätigkeit mit abnehmender Aufmerksamkeit bis hin zum Tiefschlaf zu.

Insofern steht das Frequenzspektrum des EEG mit unterschiedlichen Aufmerksamkeit- und Bewusstseinszuständen im Zusammenhang.

Es werden verschiedene Frequenzbereiche unterschieden:

- Delta-Wellen (1-4Hz): Diese Wellen treten bei Erwachsenen nur im Tiefschlaf auf.
- Theta-Wellen (4-7Hz): Theta-Wellen treten entweder im leichten Schlaf bzw. beim Einschlafen oder im EEG von Kindern auf.
- Alpha-Wellen (8-13Hz): Dieser Rhythmus entsteht, wenn sich der Körper in einem entspannten Wachzustand befindet und geringe Aufmerksamkeit besteht bzw. keine äußeren Reize einwirken und die Augen geschlossen sind. Sobald sich die Augen wieder öffnen und die Aufmerksamkeitsfrequenz zunimmt, gelangt der Körper in den nächsten Zustand.
- Beta-Wellen (14-30Hz): Dieser Zustand entsteht im Wachzustand, im REM- Schlaf und bei körperlicher oder auch mentaler Aktivität.
- Gamma-Wellen (über 30Hz): Gamma-Wellen sind für die Synchronisation verschiedener Hirnareale bei der Integration von Informationen erforderlich. Diese entstehen bei starker Konzentration und im Lernprozess.[33]

Vorteil des Neurofeedbacks ist die vollkommen schmerzfreie Form dieser Therapie, die ohne Medikamente wirkt. Außerdem zeigt sie bereits nach wenigen Sitzungen Erfolge, weshalb das Neurofeedback häufiger als die beste Methode deklariert wird, um Hirnströme gezielt zu lenken.[34]

---

[32] vgl. Kübler, A., Neuper, C. (2012), S. 766
[33] vgl. Rockstroh, S. (2011), S. 18
[34] vgl. Wild, G., Illgen, D. (2020)

14

3.2 Anwendungsmöglichkeiten von Neurofeedback

Neurofeedback wird hauptsächlich als Behandlungsverfahren bei Patienten eingesetzt, die durch Training und Optimierung bestimmter Leistungen erreicht werden können. Es dient außerdem als experimentelle Methode zur Untersuchung kognitiver Funktionen und neuronaler Merkmale. Jeder kann seine Konzentrations-, Lern- und Gedächtnisfähigkeit durch neuronales Feedback-Training erheblich verbessern. Außerdem kann es Stress langanhaltend abbauen.[35]

Das EEG findet seine Anwendung in der Diagnose und Lokalisation von Anfallsleiden (Epilepsie). Ebenso lassen sich zerebrale Störungen nach Durchblutungsproblemen abschätzen, neurologische Ausfälle nach Verletzungen feststellen und Tumore lokalisieren. Die Rehabilitation nach einem Schlaganfall ist ebenfalls eine routinierte Anwendung geworden. Wenn ein Bereich aufgrund einer Unterbrechung der Blutversorgung des Gehirns dauerhaft gestört ist, kann das Neurofeedback-Training verwendet werden um neues Lernen zu beschleunigen.

Im Falle einer durch einen Schlaganfall verursachten Lähmung kann das Training helfen die Prothese zu kontrollieren und den Zustand somit zu verbessern. Häufig wird die Methode in der Schlafforschung eingesetzt.[36]

Dieses wird normalerweise in einem spezialisierten Schlaflabor durchgeführt. Wie bei herkömmlichen EEG's trägt der Patient eine Elektrodenhaube. Abends sollte der Patient wie gewohnt ins Bett gehen. In der Nacht wird die Gehirnaktivität während des Schlafes gemessen und gleichzeitig aufgezeichnet. Der behandelnde Arzt registriert dabei auch häufigerweise Augenbewegungen, Muskelaktivität und Herzfrequenz.[37]

Auch dient sie zur Bestimmung des Hirntodes und ermöglicht zumeist die Abschätzung giftiger Substanzen in der Hirntätigkeit. Außerdem dient das EEG der Anästhesie zur Einschätzung der Narkosetiefe.[38]

Neurofeedback kann zusätzlich auch für die Behandlung bei Aufmerksamkeitsstörungen eingesetzt und angewendet werden. Ebenso bei Migräne, Autismus und Konzentrationsstörungen. Mithilfe des Neurofeedbacks lernen die Patienten ihre

---

[35] vgl. Enriquez-Geppert S., Huster R.J., Herrmann C.S. (2017), 11:51
[36] vgl. Rockstroh, S. (2011), S. 19
[37] vgl. Machetanz, L. (2016)
[38] vgl. Rockstroh, S. (2011), S. 19

Gehirnwellen bewusst zu steuern und kommen dadurch innerlich zur Ruhe, weswegen das Verfahren für Erwachsene als auch für Kinder geeignet und empfohlen ist.

Diese unkontrollierten Gedanken sind häufig nicht nur für Kopfschmerzen, Migräne, Schwindel oder verspannte Rücken- und Nackenmuskulatur verantwortlich. Diese sind neben den bereits erwähnten Leiden auch die Ursache von Depressionen, Burnout, posttraumatischen Belastungsstörungen, Panikattacken, Stress, Antriebslosigkeit, Stimmungsschwankungen usw.[39]

---

[39] vgl. Wild, G., Illgen, D. (2020)

4. Literatur- und Quellenverzeichnis

- Becker-Carus, C., Wendtl, M. (2017): Allgemeine Psychologie. Eine Einführung. 2. Auflage. Springer Verlag Heidelberg, 2017.

- Birbaumer, N. (2010): Biologische Psychologie. Springer Medizin Verlag Heidelberg, 2010.

- Ehlert, U., La Marca, R., Abbruzzese, E., Kübler, U. (2013): Biopsychologie. Grundriss der Psychologie Band 26. Verlag W. Kohlhammer Stuttgart, 2013.

- Enriquez-Geppert S, Huster RJ, Herrmann CS (2017) EEG-neurofeedback as a tool to modulate cognition and behavior: a review tutorial. Front Hum Neurosci, 2017.

- Gauggel, S.,Herrmann, M. (Hrsg.) (2008): Handbuch der Psychologie. Handbuch der Neuro- und Biopsychologie. Hogrefe Verlag Göttingen, 2008.

- Köhler, T. (2001): Biopsychologie. Ein Lehrbuch. Verlag W. Kohlhammer Stuttgart, 2001.

- Kübler A., Neuper C. (2012) Gehirn-Computer-Schnittstellen. In: Karnath HO., Thier P. (eds) Kognitive Neurowissenschaften. Springer-Lehrbuch. Springer, Berlin, Heidelberg, 2012.

- Rockstroh, S. (2011): Biologische Psychologie. Ernst Reinhardt Verlag München, 2011.

- Schandry, R. (2003): Biologische Psychologie. Beltz Verlag Weinheim, 2006.

- Von der Assen, C. (2016): Biologische Psychologie I. Crash- Kurs Psychologie. Springer- Verlag Berlin Heidelberg, 2016.

Internetquellen

- Dahm, V., Rudolf-Müller, E. (2017): NetDoktor. Prolaktin. URL: https://www.netdoktor.de/laborwerte/prolaktin/, Stand: 25.05.2020.

- Lingenhöhl, D. (2000): spektrum.de: Lexikon der Neurowissenschaft. Animales Nervensystem. URL: https://www.spektrum.de/lexikon/neurowissenschaft/animales-nervensystem/654, Stand: 27.05.2020.

- Machetanz, L. (2016): NetDoktor. EEG. URL: https://www.netdoktor.de/diagnostik/eeg/, Stand: 25.05.2020.

- Sochorick, T. (2019): Neurofeedback Schopfheim. Was ist Neurofeedback. URL: https://neurofeedback-schopfheim.de/was-ist-neurofeedback/, Stand: 13.05.2020.

- Schöfl, C. (2010): Regulation und Substitution. URL: https://www.endokrinologie.net/files/download/broschueren/16-wachstumshormon.pdf, Stand: 25.05.2020.

- Weigl, G. (2018): GESUNDheit.GV.AT. Prolaktin (PRL). URL: https://www.gesundheit.gv.at/labor/laborwerte/hormone-tumormarker/prolaktin, Stand: 27.05.2020.

- Wild, G., Illgen, D. (2020): MEDIPLUS. Neurofeedback: Therapie gegen das Chaos im Kopf. URL: https://www.mediplusleipzig.de/ergotherapie/neurofeedback/, Stand: 23.05.2020.

- o.N. (2019): Gedankenwelt. Das somatische Nervensystem: Merkmale und Funktionsweise.URL: https://gedankenwelt.de/das-somatische-nervensystem-merkmale-und-funktionsweise/, Stand: 27.05.2020.

BEI GRIN MACHT SICH IHR WISSEN BEZAHLT

- Wir veröffentlichen Ihre Hausarbeit, Bachelor- und Masterarbeit

- Ihr eigenes eBook und Buch - weltweit in allen wichtigen Shops

- Verdienen Sie an jedem Verkauf

Jetzt bei www.GRIN.com hochladen und kostenlos publizieren